Kati Schulz, Eric Janacek, Christian Lehsing, Timur Türemen

Multiperspektivische Diskussion informations- und kommunikationsfördernder Smart-Home Komponenten

GRIN Verlag

Bibliografische Information der Deutschen Nationalbibliothek:

Die Deutsche Bibliothek verzeichnet diese Publikation in der Deutschen National-
bibliografie; detaillierte bibliografische Daten sind im Internet über http://dnb.d-
nb.de/ abrufbar.

Impressum:

Copyright © 2009 GRIN Verlag GmbH
Druck und Bindung: Books on Demand GmbH, Norderstedt Germany
ISBN: 978-3-640-96838-1

Dieses Buch bei GRIN:

http://www.grin.com/de/e-book/175787/multiperspektivische-diskussion-informati-
ons-und-kommunikationsfoerdernder

GRIN - Your knowledge has value

Der GRIN Verlag publiziert seit 1998 wissenschaftliche Arbeiten von Studenten, Hochschullehrern und anderen Akademikern als eBook und gedrucktes Buch. Die Verlagswebsite www.grin.com ist die ideale Plattform zur Veröffentlichung von Hausarbeiten, Abschlussarbeiten, wissenschaftlichen Aufsätzen, Dissertationen und Fachbüchern.

Besuchen Sie uns im Internet:

http://www.grin.com/

http://www.facebook.com/grincom

http://www.twitter.com/grin_com

Multiperspektivische Diskussion informations- und kommunikationsfördernder Smart-Home Komponenten

Eric JANACEK, Christian LEHSING, Kati SCHULZ, Timur TÜREMEN

Lehrveranstaltung Ergonomic Design and User Integration
Fachgebiet Arbeitswissenschaft und Produktergonomie, TU Berlin
Fasanenstrasse 1/1, D-10623 Berlin

Kurzfassung: Die Welt in der wir leben wird zunehmend vernetzter, unsere Umgebung komplexer und intelligenter. Der Mensch selbst wird Teil eines interdisziplinären Netzwerks aus integrierter Elektronik und einer allgegenwärtigen Verarbeitung von Informationen. Der vorliegende Bericht führt anfangs in die derzeitige Situation ein und erläutert knapp das Wohnraumkonzept des Ambient Assisted Living (AAL) als generationen- und technologieübergreifendes Konzept. Der folgende Abschnitt schildert die Problemstellung und Zielsetzung dieser Arbeit und wird durch Kapitel 3 methodisch unterstützt. Hierin wird die Vorgehensweise dargestellt, die zu den Ergebnissen in Teil 4 führten. Abschließend wird eine kurze und prägnante Diskussion der erarbeiteten Ergebnisse sowie der Vorgehensweise zur Gewinnung dieser vorgenommen.
Schlüsselwörter: AAL, Smart-Home, IuK-Technologien, SRG

1. Einleitung / Situation

Menschen in Deutschland haben heute eine über 30 Jahre längere Lebenszeit als noch zu Anfang des 20. Jahrhunderts. Die Altersstruktur zeigt, dass die bevölkerungsreichsten Jahrgänge in einem immer höheren Lebensalter auszumachen sind. Wird der Anteil der über 60-Jährigen im Verhältnis zur Gesamtbevölkerung im Jahr 2010 bei 26,2 Prozent liegen, so wird es im Jahr 2050 bereits ein Anteil von ca. 39 Prozent sein. Dabei entfallen bereits heute die Hälfte der Gesundheitsausgaben auf die ältere Generation was eine notwendige Strategieänderung nicht nur des Gesundheitswesens sondern generell der sozialen Sicherungssysteme deutlich macht. Eine höhere Lebenserwartung ist sowohl für den einzelnen Menschen als auch für die Gesellschaft dennoch ein Gewinn. Ältere Menschen leisten einen aktiven Beitrag zur Gestaltung sozialer Beziehungen in Familie und Gesellschaft und sollten demnach auch im Alter die Chance auf ein eigenverantwortliches, selbstständiges und selbstbestimmtes Leben erhalten.
Ambient Assisted Living hat hier als Wohnraumkonzept das Ziel, neue Technologien und das soziale Umfeld so miteinander zu verknüpfen, dass die Lebensqualität in allen Lebensabschnitten steigt. Erste Erfahrungswerte aus diversen Pilot- und Förderprojekten zeigen, dass die Relevanz dieses Konzepts insbesondere vor dem Hintergrund sich wandelnder Altersstruktur erkannt wurde und nun an Lösungen gearbeitet wird, welche der älteren Generation einen längeren und selbstständigen Verbleib in der eigenen Wohnung ermöglichen.
Anhang 1 zeigt das Ergebnis einer Mieterbefragung zur Zahlungsbereitschaft für Komponenten des intelligenten Wohnens.

Dabei lassen sich als Themenbereiche des Ambient Assisted Living Sicherheit, Haustechnik, Gesundheit sowie Informations- und Kommunikationstechnologien ableiten.

Im Folgenden werden insbesondere die Informations- und Kommunikationstechnologien als Schlüssel sowohl für die Interkommunikation zwischen einzelnen Geräten und Systemen im Haushalt als auch für die Kommunikation mit der Umwelt beispielhaft vorgestellt und auf ihre Gebrauchs- und Alltagstauglichkeit analysiert.

2. Problemstellung und Zielsetzung

Im Bereich des Ambient Assisted Living gibt es im Sinne eines Smart Homes eine Vielzahl von Prototypen und ebenso bereits am Markt eingeführter Komponenten, doch wurden diese überwiegend technologieorientiert vor einem eher pragmatischen Hintergrund konzipiert und entwickelt. Ihr Einsatz kann sicherlich schnell und effizient zu einem Ergebnis führen, jedoch wurde der Mensch als Nutzer mit individuellen Bedürfnissen und denen ihm typischen Stärken und Schwächen nur unzureichend berücksichtigt. Das Konzept des Ambient Assisted Living sollte jedoch idealerweise in dem überaus sensiblen Bereich der privaten Lebenswelt Entlastung nicht nur durch reine Funktionalität schaffen, sondern ergänzend den Menschen als Nutzer auch auf dem Weg zum gewünschten Zustand möglichst konsistent zu seiner physiologischen und psychologischen Konstitution unterstützen.

Zur Realisierung des Konzepts des AAL werden mehrere Ansätze genutzt. So werden gewohnte Gegenstände des alltäglichen Gebrauchs bspw. hinsichtlich Funktionalität und Bedienbarkeit dem Nutzer und seine individuellen Lebensumstände zumindest in einem gewissen Maß angepasst bis hin zu integrierten Dienstleistungen und Komplettlösungen, welche sich dann als unauffällige Unterstützer in einen intelligent vernetzten Wohnraum integrieren. So steht neben einer klassischen ergonomischen Produktgestaltung „traditioneller" Bausteine ein weites Feld der Innovationsforschung, welches den menschlichen Nutzer noch stärker bei der Entwicklung immer komplexerer Systeme zu integrieren hat.

Allerdings gibt es insbesondere aus Sicht der älteren Generation nur begrenzte Erkenntnisse über die Bewertung von Smart Home-Komponenten, obwohl gerade diese Generation eine Zielgruppe mit hoher Kaufkraft darstellt und demnach ihr Standpunkt bzw. ihr Empfinden bereits früh in der Entwicklungsphase berücksichtigt werden sollte.

Vor diesem Hintergrund war es innerhalb des Projekts Ergonomic Design and User Integration in Zusammenarbeit mit der Senior Research Group Ziel eine Komponentenbewertung unter Einbeziehung von Nutzern durchzuführen. In einem ersten Schritt wurde mit unterschiedlichen Smart Home-Komponenten vertraut gemacht, um diese in einem weiteren Schritt hinsichtlich verschiedener Dimensionen zur beurteilen. Die Grundlage dafür bildete eine Marktübersicht ausgewählter zum Teil sich noch in der Entwicklung befindlicher oder auch bereits am Markt eingeführter Komponenten. Dabei wurden die Themenbereiche Sicherheit und Haustechnik/Automatisierung, Gesundheit, sowie Informations- und Kommunikationstechnik der sozialen Interaktion abgegrenzt.

Das Projektteam der Informations- und Kommunikationstechnik traf dabei auf divergierende Komponenten sowohl hinsichtlich der Richtung und Komplexität des Informationsflusses als auch dem Grad eines alltagsnahen Kommunikationspotenzials. Statt einem großen gemeinsamen Nenner werden die Begriffe Information und

Kommunikation durchaus sehr weit gedehnt. Das methodische Vorgehen im gesamten Auswahlprozess soll im folgenden Abschnitt weiter ausgeführt werden.

3. Methodisches Vorgehen

Wie in Abschnitt 2 erläutert, wurde eine umfassende Recherche bezüglich der bereits existierenden oder in Planung befindlichen Technologien angestoßen. Dies sollte einen groben Marktüberblick geben. Jeder Gruppenteilnehmer sollte maximal 10 Komponenten identifizieren, die sich mit dem Thema IuK auseinandersetzen. Die Recherche beschränkte sich hierbei größtenteils auf das Internet. Somit konnten knapp 20 nationale und internationale Technologien erfasst werden, da sich Überschneidungen bei der Recherche nicht vermeiden ließen.

Durch eine komprimierte Präsentation von 10 ausgewählten Komponenten wurden den jeweils anderen Gruppen sowie der SRG diese in Bezug auf Funktion, Design, Zielgruppe und Preis vorgestellt, erläutert und vordiskutiert. Auswahlkriterium für die Präsentation stellte hier ein möglichst großer Überblick der Marktsituation dar.

Darauf aufbauend wurde durch das Projektteam eine Matrix (siehe Anhang 2) erstellt und eingereicht. Diese sollte es den Studenten sowie den Seniorinnen und Senioren ermöglichen, die einzelnen Geräte (aus Zeitgründen 7 Technologien) hinsichtlich gemeinsam erarbeiteter Kriterien zu bewerten. Hierbei wurde darauf wertgelegt, dass alle Facetten der Gebrauchs- und Alltagstauglichkeit innerhalb der 3 Gruppen abgedeckt werden. Die Bewertungsdimensionen beziehen sich auf die Funktion der Geräte, wie diese zu bedienen sind, auf das Design, auf die Sicherheit und die Umweltfreundlichkeit. Zudem wurden ergonomische und soziotechnische Sichtweisen und Erkenntnisse hinzugezogen und durch Serviceaspekte ergänzt. Bewertet wurden die Geräte in den Dimensionen mittels Schulnoten von 1 bis 6, wobei 1 „trifft voll zu" und 6 „trifft überhaupt nicht zu" bedeutet.

Abschließend wurden die Teilnehmer gebeten 2 Zusatzfragen zu beantworten, welche Auskunft darüber geben sollen, ob sich die Teilnehmer eine Nutzung der Technologien vorstellen können und wenn ja, wie viel Geld sie dafür auszugeben bereit wären.

In Kleingruppen zu jeweils einem SRG-Mitglied und einem Studenten wurden die Bewertungen bei einem weiteren Termin vorgenommen. In dieser Situation sollten sich die Teilnehmer in die Lage der Zielgruppe versetzen und nach einer erneuten kurzen und prägnanten Vorstellung der Produkte diese benoten. Als Hilfsmittel dienten hier Komponenten-Steckbriefe, die die wichtigsten Aspekte der Produkte widerspiegelten und somit die Bewertung unterstützten.

Die Auswertung der Matrizen wurde zum einen dimensionsbezogen und zum anderen Komponentenweise vorgenommen. Zusätzlich wurden signifikante Unterschiede zwischen Bewertungen der SRG und den Studenten herausgearbeitet und gegenübergestellt. Aufgrund der Problemstellung ist eine differenzierte Analyse dieser Punkte notwendig, um die verschiedenen Auffassungen bezüglich der Nutzerfreundlichkeit und -orientierung zu erfassen. Es bot sich hierin die Möglichkeit eine Bewertung aus verschiedenen Perspektiven, nämlich aus der Sicht der Generation Plus und aus Sicht von jungen Erwachsen, instrumentell darzustellen und unter den gegebenen Faktoren der Befragung zu analysieren.

4. Ergebnisse

Die identifizierten und ausgewählten Komponenten sind in Tabelle 1 aufgeführt. Hieraus wird ersichtlich, welches Spektrum durch das AAL-Konzept abgedeckt werden kann. Für die einführende Präsentation wurden 10 Geräte ausgewählt und näher erläutert. Auf Wunsch des Lehrstuhls wurde das Produkt „Devolo" nachträglich zu Bewertungszwecken eingefügt.

Tabelle: Produktübersicht (weiterführende Hinweise siehe Komponenten-Steckbriefe im Anhang)

Produktname	Funktion
Screenfridge	Kühlschrank mit Internetfunktion
TV Smart Living Ready	TV mit Netzwerkfunktion
iBasket	fernbedienbare Waschmaschine
Ebook Reader	elektronisches Buch
Internet Toaster	Toaster mit USB-Anschluss
uWand	intuitive Universalfernbedienung
iRiver Wave Home	multimedialer Bilderrahmen
iPhone	multimediales Mobiltelefon
Simplico	intuitiver Einsteiger PC
Paul	Universalfernbedienung
Devolo	Datenübertragung via Heimstromnetz

Mittels Komponenten-Steckbriefe und der Bewertungsmatrix wurden in einer Folgeveranstaltung die Komponenten kritisch untersucht und benotet. An der Bewertung nahmen 4 SRG-Mitglieder teil und 5 Studenten. Die Übersicht über die Bewertung ist Anhang 5 zu entnehmen.

Hinsichtlich der Funktionalität ergab sich eine homogene Bewertungstendenz beider Gruppen, lediglich der Screenfridge und der Simplico wurde von den Senioren als funktionaler betrachtet.

Die Bewertung der Dimension Design fiel weniger ähnlich aus. Herausstechend hier war der Simplico, den die Studenten mit 0,7 Punkten niedriger einstuften

Bezüglich der Bedienbarkeit stellte sich heraus, dass es hier eine noch größere Variabilität zwischen den Gruppen gab. Signifikante Unterschiede zeigten sich besonders bei den Komponenten iBasket, dem Simplico, dem Develo Network sowie dem Smart Living Manager, wobei stets die Mitglieder der SRG die Bedienung als einfacher empfanden.

In der Kategorie Sicherheit fiel die divergierende Benotung des Devolo Heimnetzwerkes auf. Wobei dort, die Senioren diese Technologie als sicherer empfanden.

Die Umweltfreundlichkeit (Energieverbrauch und verwendete Materialien) wurde von der SRG negativer eingeschätzt als von den Studenten.

Die Serviceleistungen trafen bei beiden Gruppen auf sehr unterschiedlichen Meinungen, was sich in den Noten widerspiegelt. Hervorzuheben ist hier der TV-Smart Living Ready, den beide Gruppen einheitlich mit einer 1,0 benoteten.

Bei den beiden Zusatzfragen zeigte sich, dass die Mitglieder der SRG den iBasket, den Simplico und das Devolo Netzwerk bevorzugen und die Studenten die uWand Fernbedienung, den Screenfridge, den iBasket und das eBook präferieren.

Die Zahlungsbereitschaft für die einzelnen Technologien streut auch hier über die gesamte Spannbreite der identifizierten Produkte und liegt bei einigen sogar höher als der veranschlagte Preis des Herstellers.

5. Diskussion

Nachfolgend sollen die gewonnenen Ergebnisse sowie die methodische Vorgehensweise kurz diskutiert werden.

5.1 Ergebnisdiskussion

Die relative Konsistenz der Ergebnisse in der Dimension Funktionen zeigt, dass fast alle Geräte prinzipiell eine große Zielgruppe ansprechen. Der Simplico als Ausnahme, speziell konzipiert für eine ältere Generation, scheint diese auch zu erreichen. Der Unterschied in der Bewertung des Screenfridge ist überwiegend auf die Annahme der Studenten zurückzuführen, dass dieser im Alltag zu sehr beeinträchtige und sie sich offensichtlich weniger mit der Idee anfreunden können, die Küche als Ort der Kommunikation innerhalb der Familien-/Wohngemeinschaft zu sehen. Dafür scheinen sie eher ein System wie den Smart Living Manager als geeignet zu sehen.

Beim Design der Geräte zeigen sich unterschiedliche Meinungen. Es lassen sich mit Ausnahme des Simplico nur schwer Tendenzen erkennen. Dieser scheint erneut seine Zielgruppe in allen Kriterien zu erreichen.

Obwohl die Funktionalität relativ einheitlich bewertet wurde, zeigt sich in der Beurteilung der Bedienbarkeit, dass es Lücken in der Umsetzung gibt. Überraschenderweise stuften die Senioren die Erlernbarkeit und intuitive Bedienung der Geräte fast durchgängig besser ein als die Studenten, doch sehen sie sich in ihrer physischen Konstitution generell mehr beansprucht. Man kann also bei den Senioren eine größere Offenheit für neue Technologien sehen als erwartet, die jedoch allein durch physische Aspekte in der Bedienung eingeschränkt wird.

An eine Interpretation der Dimensionen Sicherheit, Umweltfreundlichkeit und Service/Dienstleistung ist mit Vorsicht heranzugehen. In der Auswertung einzelner Matrizen zeigten sich Fehler, bei denen offensichtlich häufig die Richtung der Skalierung vertauscht wurde und damit die Ergebnisse an Aussagekraft verlieren. Interessant scheint jedoch, dass alle Geräte von den Senioren als weniger umweltfreundlich eingeschätzt wurden, was auf eine generell kritischere Betrachtung neuer Technologien in der heutigen Zeit zurückgeführt werden kann. Dieses Ergebnis spiegelt sich jedoch nicht in der Dimension Sicherheit wieder, in welcher sich dennoch ein Vertrauen in neue Technologien zeigt.

Betrachtet man nun die Geräte hinsichtlich der Zusatzfragen, so zeigt sich, dass die Studenten etwas offener für eine mögliche Nutzung dieser Entwicklungen zu sein scheinen. Das spiegelt sich auch in dem Anteil der Personen wider, welcher bereit ist, für ein Gerät Geld auszugeben. Da der prinzipielle Nutzungswunsch und der jeweilige Anteil der Zahlungswilligen in beiden Gruppen übereinstimmen, lässt sich erahnen, welches Potenzial in der Vermarktung dieser Geräte steckt. Im Moment ist jedoch der Betrag, welcher für die Anschaffung meist ausgegeben werden würde, noch geringer als der veranschlagte Kaufpreis, so dass sich eine notwendige Weiterentwicklung der Geräte vor allem hinsichtlich der physischen Bedienbarkeit für ältere Menschen bzw. generell der Funktionalität für beide Gruppen zeigt.

5.2 Diskussion des methodischen Vorgehens

Das methodische Vorgehen, wie oben beschrieben, stellte eine strukturierte Heran-gehensweise an das Problem dar. Grundlagen schaffen durch Recherche, Wissens-stand der Beteiligten Personen anpassen und Bewertung der Komponenten anhand einheitlicher Kriterien erhöhten zunächst die Aussagekraft der Ergebnisse. Zusam-menfassend ist zu sagen, dass die Variabilitäten insgesamt weniger groß wie erwartet sind, jedoch zeigen sich innerhalb der Dimensionen Abweichungen, für deren Interpretation eine wesentlich größere Stichprobe und eine noch detailliertere Interpretation notwendig wäre, welche den Umfang dieser Arbeit sprengen würde. Zudem wäre eine Ausdehnung des betrachteten Technologiespektrums empfeh-lenswert, aus welchem genauere Erkenntnisse auch hinsichtlich verschiedener Produktgruppen der Informations- und Kommunikationstechnik ableitbar wären.

Anhangsverzeichnis

Anhang 1:

Zahlungsbereitschaft für intelligente Wohnkomponenten nach einer Mieterbefragung des GdW Bundesverbandes deutscher Wohnungs- und Immobilienunternehmen e.V. (Deiters, 2008)

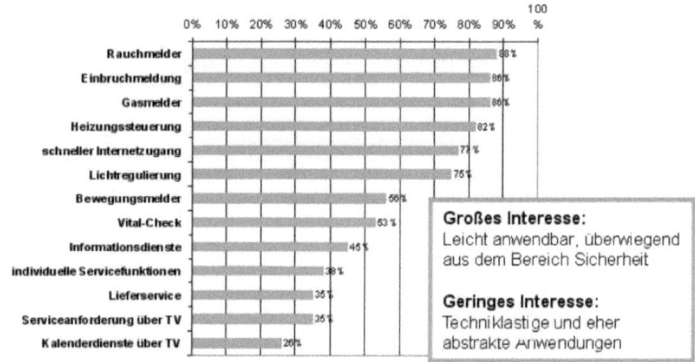

Anhang 2: Bewertungsmatrix-Vorschlag der Gruppe IuK

	Nr.	Bewertungskriterien	Bewertung Note
Funktionen	1.1	Erhöhen Selbständigkeit	
	1.2	Fördern Kommunikation	
	1.3	Sind alltagstauglich	
	1.4	Sind integrierbar in bestehende Systeme	
	1.5	Nachrüstbarkeit ist gegeben	
Design	2.1	Unterstützt Bedienung	
	2.2	Vermittelt Wertigkeit	
	2.3	Ist ergonomisch	
	2.4	Ist ästhetisch	
	2.5	Stigmatisiert	
Bedienbarkeit	3.1	Ist intuitiv	
	3.2	Ist Leicht erlernbar	
	3.3	Ist Kompliziert	
	3.4	Mental anstrengend	
	3.5	Physisch anstrengend	
Sicherheit	4.1	Datensicherheit	
	4.2	Ist standsicher	
	4.3	Risiko der Fehlbedienung	
Umwelt-freundlichkeit	5.1	Energieverbrauch	
	5.2	Ökologie der verwendeten Materialien	
Service/Dienstleistung	6.1	Vor-Ort-Kundenservice	
	6.2	24-Stunden Hotline	
	6.3	Garantie	
	6.4	Gewährleistung	

Note = Schulnoten von 1-6, mit 1= sehr gut

Zusatzfragen

A) Können Sie sich vorstellen, diese technische Entwicklung selbst zu nutzen?

Ja	Nein

B) Wären Sie bereit, für diese technische Entwicklung Geld auszugeben?

Ja	Vielleicht einen Teil	Nein

Anhang 3: finale Bewertungsmatrix der Befragung (Fusion der 3 Gruppenvorschläge)

	Nr.	Bewertungskriterien	Bewertung mit Note 1-6									
			a	b	c	d	e	f	g	h	i	k
Funktionen	1.1	Erhöhen Selbständigkeit und entlasten den Nutzer										
	1.2	Beinträchtigen im Alltag / Greifen zu stark in Privatsphäre ein										
	1.3	Sind vereinbar mit anderen (nicht beeinträchtigten) Hausbewohnern										
	1.4	Fördern Kommunikation										
	1.5	Sind alltagstauglich										
	1.6	Sind integrierbar in bestehende Systeme / nachrüstbar										
	1.7	Installationsaufwand ist gering										
	1.8	Reinigung und Instandhaltung erscheint einfach										
Design	2.1	Unterstützt Bedienung										
	2.2	Vermittelt Wertigkeit										
	2.3	Ist ästhetisch										
	2.4	Stigmatisiert										
Bedienbarkeit	3.1	Ist intuitiv										
	3.2	Ist leicht erlernbar										
	3.3	Physisch anstrengend										
Sicherheit	4.1	Hohe Datensicherheit										
	4.2	Geringes Verletzungsrisiko, hohe Betriebssicherheit auch bei Fehlbedienung										
Umwelt-freundlichkeit	5.1	Energieverbrauch										
	5.2	Umweltfreundlichkeit der verwendeten Materialien										
Service/ Dienstleistung	6.1	Vor-Ort-Kundenservice										
	6.2	24-Stunden Hotline										
	6.3	Garantie und Gewährleistung										

Noten von 1-6 (1= trifft voll zu; 6= trifft überhaupt nicht zu)

Zusatzfragen

A) Können Sie sich vorstellen, diese technische Entwicklung selbst zu nutzen?

Ja (unter welchen Umständen?)	Nein

B) Wären Sie bereit, für diese technische Entwicklung Geld auszugeben?

Ja / Wieviel	Vielleicht einen Teil	Nein

Anhang 4: Komponenten-Stechbriefe

Philips Uwand

Intuitive Universalfernbedienung
auf Basis von bekannten Gesten.

Ausstattungsmerkmale:

- Universalfernbedienung mit
  intuitiver Gestensteuerung
  (Fernseher, Stereoanlage,
  Jalousien, Licht, etc.)

- neue Endgeräte/Empfänger
  erforderlich

- Li-Ionen Akku inkl. Ladegerät und
  Docking-Station

- 2 Jahre Garantie

- Zielgruppe: Menschen ohne
  motorische Einschränkungen

- Systemeinrichtung:
  Mindestabnahmemenge
  Fernbedienung und 5
  Empfangsmodule, Techniker-
  Service € 69,-

Preis:

Fernbedienung: 80€

Empfänger: 49,90€

Electrolux ScreenFridge

Zukunftsweisender Kühlschrank
mit der Funktion die Familie an
einen Tisch zu bekommen.

Ausstattungsmerkmale:

- Kühlschrank mit Touchscreen
- Zugriff auf Internet, TV, Musik,
  Kalender der
  Familienangehörigen,
  Nachrichtensystem mit
  Kameraunterstützung,
  Telefonfunktion,
  Einkaufsplanungssoftware
- Zugriff auf Computersoftware
  vom Internet aus
- Software an Bewohner anpassbar
- Prototyp schießt bei Schließen
  von Tür Foto im Innenraum des
  Gerätes (abrufbar via Handy/ PC)
- FCKW-frei
- Energieklasse A++, Klimaklasse N
- 4 Jahre Garantie, 1 Jahr kostenlos
- Software-Updates via Internet
- Zielgruppe: Familien,
  Lebensgemeinschaften

Preis: 4.999 €

Electrolux IBasket

Wäsche waschen und trocknen
ohne einen Finger zu rühren – nur
Anziehen müssen Sie sich noch
alleine.

Ausstattungsmerkmale:

- Kombination: Wäschekorb,
  Waschmaschine, Trockner

- Reinigung: automatisch, wenn
  Korb voll (3 kg)

- getrennte Kammern für Weiß-
  /Bunt-Wäsche

- automatische Trocknung

- Überwachung vom PC aus

- Energieklasse A

- Schadstoffilter (Tenside)

- 2 Jahre Garantie, 1 Jahr Vor-Ort
  Kundenservice

Preis: 1399 €

Fujiutsu Siemens SimPliCo

Einfach zu bedienender Computer
für Einsteiger und Senioren.

Ausstattungsmerkmale:

- PC auf Linuxbasis

- Bedienung:

    - über ein System aus 4
      Farben

    - Farbschema zieht sich
      durch die
      Menüführung

    - Symbole und
      Assistenzsysteme

- Sicherheit: Linux und
  Virenschutzprogramme

- 160 GB Festplatte, 512 MB
  Arbeitsspeicher, 12 kg

- 2 Jahre Garantie mit Vor-Ort-
  Service

- Zielgruppe: Einsteiger,
  technikaverse Menschen,
  Senioren

Preis: 899€

Develo dLAN® 200 AVeasy Network Kit

Datenübertragung via Stromnetz – sparen Sie sich das Verlegen von Netzwerkkabeln.

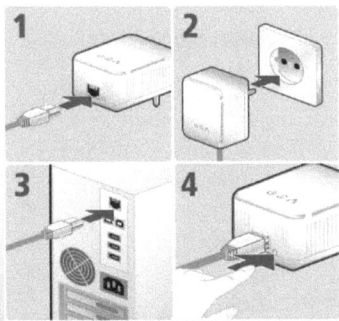

Ausstattungsmerkmale:

- Vernetzung von Geräten über das hausinterne Stromnetz z. B. PC, Router, Set-Top-Box, Spielekonsole

- Reichweite: 200m innerhalb des Stromkreises

- Geschwindigkeit: 200 Mbit/s

- Datenpriorisierung für störungsfreie Übertragung

- Datensicherheit: Advanced Encryption Standard-Verschlüsselung

- Stromsparfunktion: reduziert Energieverbrauch im Standby-Betrieb um 30%

- 3 Jahre Garantie

- Zielgruppe: allgemein

Preis: 130 €

TV Smart-Living-Ready

Fernseher mit dem Hang zur
Dienstleistung: Serviceleistugnen
im örtlichen Umkreis direkt via
Fernseher erreichbar.

Ausstattungsmerkmale:

- personalisierter Smart Living
  Manager mit

    - lokalen
      Dienstleistungen
      (Getränke,
      Mieterservice,
      Handwerker, etc.)

    - Kommunikation (E-
      Mail, SMS, Schwarzes
      Brett, etc.)

    - Kalenderfunktion

- Installation:

    - Set-Top-Box

    - Smart-Living Manager
      optional

    - Individuelle Einführung
      in das System möglich

    - alte Fernseher
      nachrüstbar über Scart-
      Anschluss

Preis:

Set-Top-Box: 100 €

Smart-Living-Manager:
4,50 €/Monat

SONYs Ebook Reader

Elektronisches Lesegerät mit
Speicherfunktion für tausende
von Büchern.

Ausstattungsmerkmale:

- Bücher in elektronischer Form
  lesen und speichern

- Bilder betrachten

- Display: ähnelt einem Blatt Papier,
  flimmerfrei

- Bezug der „E-Books" aus dem
  Internetbuchhandel

- Datenübertragung via USB 2.0

- Speicher erweiterbar

- Li-Ionen Akku

    - inkl. Ladegerät

    - Laufzeit: 7000
      Seiten

- 2 Jahre Garantie

- Zielgruppe: mobile Menschen

Preis: 350€

Anhang 5: Übersicht der Befragung

Note = Schulnoten von 1-6, mit 1= trifft voll zu

			uWand		Screenfridge		iBasket		SimPliCo		Develo		Smart-Living-Ready		Reader		Mittelwert
			Senior	Student	Senior	Student	Senior	Student	Senior	Student	Senior	Student	Senior	Student	Senior	Student	horizontal
Funktionen	1.1	Erhöhen Selbstständigkeit und entlasten den Nutzer	2.5	2.6	2.3	2.4	1.0	1.2	1.5	3.0	2.0	2.0	2.3	1.8	2.0	2.0	2.0
	1.2	Beeinträchtigen im Alltag / Greifen zu stark in Privatsphäre ein	6.0	5.8	4.3	5.2	5.8	5.8	6.0	5.2	6.0	5.8	4.5	5.5	4.8	5.0	5.4
	1.3	Sind vereinbar mit anderen (nicht beeinträchtigten) Hausbewohnern	1.7	1.0	1.5	1.6	1.0	1.0	2.0	2.0	1.8	1.0	1.8	1.0	1.8	1.0	1.4
	1.4	Fördern Kommunikation	4.7	6.0	2.8	3.0	5.0	6.0	2.0	2.4	1.8	2.5	2.5	1.8	3.5	5.5	3.5
	1.5	Sind alltagstauglich	3.3	3.4	2.7	2.6	2.0	1.2	1.5	3.0	2.0	2.0	2.3	1.5	3.3	1.8	2.3
	1.6	Sind integrierbar in bestehende Systeme / nachrüstbar	2.0	1.8	2.8	2.8	3.0	1.3	4.3	5.0	1.0	1.0	1.3	1.0	1.7	3.0	2.3
	1.7	Installationsaufwand ist gering	2.5	3.0	1.8	3.5	1.5	1.0	1.3	1.2	1.3	1.8	1.5	2.3	2.0	1.8	1.9
	1.8	Reinigung und Instandhaltung erscheint einfach	2.0	1.5	1.3	1.4	1.3	1.8	1.7	2.0	1.3	1.7	1.0	1.3	2.0	1.5	1.6
		Teilnote SN1	3.1		2.4		2.6		2.5		2.2		2.1		2.7		2.5
Design	2.1	Unterstützt Bedienung	2.0	2.0	2.0	1.8	1.3	1.4	1.5	1.6	2.5	2.5	1.3	1.3	2.3	1.5	1.7
	2.2	Vermittelt Wertigkeit	3.0	1.6	1.8	1.4	1.3	2.0	2.7	3.2	2.3	2.3	2.0	2.5	2.3	2.3	2.1
	2.3	Ist ästhetisch	2.3	2.2	1.5	2.6	1.3	1.4	1.8	4.4	2.0	2.0	1.8	3.0	3.0	2.5	2.3
	2.4	Stigmatisiert	6.0	6.0	3.8	6.0	6.0	6.0	5.5	5.0	6.0	5.3	5.7	5.3	3.3	4.8	5.3
		Teilnote SN2	3.3		2.3		2.4		2.9		2.7		2.7		2.7		2.9
Bedienbarkeit	3.1	Ist intuitiv	1.7	2.2	2.7	1.8	1.7	1.7	1.3	1.8	1.3	2.3	2.0	2.0	1.7	1.5	1.8
	3.2	Ist leicht erlernbar	1.8	2.0	3.0	2.0	1.0	1.2	1.3	1.6	1.3	2.3	2.0	2.0	2.0	1.3	1.7
	3.3	Physisch anstrengend	4.0	6.0	4.0	5.8	5.0	5.0	4.3	5.8	5.8	6.0	5.0	5.8	6.0	6.0	4.9
		Teilnote SN3	2.5		3.2		2.1		2.3		2.8		2.9		3.1		2.8
Sicherheit	4.1	Hohe Datensicherheit	1.0	1.3	3.0	3.8	3.0	2.7	2.3	2.0	1.3	2.0	3.3	3.0	1.3	2.0	2.3
	4.2	Geringes Verletzungsrisiko, hohe Betriebssicherheit auch bei Fehlbedienung	1.3	2.2	2.0	1.2	1.7	1.6	1.7	1.4	1.3	1.3	1.7	2.3	1.3	1.7	1.6
		Teilnote SN4	1.2		2.5		2.3		2.0		1.3		2.5		1.3		2.0
Umwelt-freundlichkeit	5.1	Energieverbrauch	2.0	1.7	1.5	1.2	2.3	2.0	3.0	2.8	2.0	1.5	3.5	1.5	1.3	1.3	2.0
	5.2	Umweltfreundlichkeit der verwendeten Materialien	2.5	2.0	1.7	1.8	2.0	1.0	3.0	3.0	2.5	1.7	2.5	1.7	2.5	1.7	2.2
		Teilnote SN5	2.3		1.6		2.1		3.0		2.3		3.0		1.9		2.1
Service/ Dienstleistung	6.1	Vor-Ort-Kundenservice	1.7	3.3	1.7	6.0	1.0	2.0	1.5	1.5	2.0	2.0	1.0	1.0	2.0	4.0	2.1
	6.2	24-Stunden Hotline	1.0	1.0	1.0	1.0	1.0	1.3	1.0	1.5	4.0	1.7	2.0	1.0	2.0	2.7	1.5
	6.3	Garantie und Gewährleistung	1.0	1.3	1.0	1.3	1.0	1.0	1.0	1.4	1.0	1.0	1.5	1.0	1.5	1.0	1.1
		Teilnote SN6	1.2		1.2		1.0		1.3		2.2		2.4		1.8		1.6
		Gesamtnote (N1+N2+N3+N4+N5+N6)/6	2.3		2.2		2.1		2.3		2.3		2.4		2.3		2.3

Zusatzfragen

	uWand		Screenfridge		iBasket		SimPliCo		Develo		Smart-Living-Ready		Reader	
Anteil der Personen, der sich vorstellen kann diese technische Entwicklung selbst zu nutzen	25%		60%		75%		75%		75%		50%		25%	100%
Anteil der Personen, die für diese technische Entwicklung Geld ausgeben würden	25%		60%		75%		75%		75%		50%		25%	75%

Quellenverzeichnis

3DNews – Daily Digital Digest. 2008. Sreenfridge. [Online] 2009. http://www.3dnews.ru/_ imgdata/ img /2008/03/30/78352.jpg.

Advertica Büro für visuelle Kommunikation. 2008. iBasket – So waschen wir in Zukunft. [Online] 2009. http://www.advertica.at/2008/09/17/ibasket-%E2%80%93-so-waschen-wir-in-zukunft/

Barrierefrei kommunizieren. 2007. Fujitsu Siemens Computers. [Online] 2009. http://www.barrierefrei-kommunizieren.de/datenbank/produkt.php?herkunft=index& pid =554.

Berliner Institut für Sozialforschung. 2008. Forschungsbereich: Smart Home/Smart Living. [Online] 2009. http://www.bis-berlin.de/veroeffentlichungen/ dokumente/doc_download/1-smart-home-smart-living.html.

Bundesministerium für Bildung und Forschung. 2008. Ambient Assistend Living. [Online] 2009. http://www.aal-deutschland.de/.

Bundeszentrale für politische Bildung. 2007. Bevölkerungsentwicklung und Altersstruktur. [Online] 2009. http://www.bpb.de/wissen/1KNBKW,0,0, Bev%F6l kerungsentwicklung_und_ Altersstruktur.html.

Chip online. 2000. Screenfridge. Der Internet-Kühlschrank wird Wirklichkeit. [Online] 2009. http://www.chip.de/news/Screenfridge-Der-Internet-Kuehlschrank-wird-Wirklich keit_34124 659.html.

Chip online. 2008. Praxistest eBook-Reader. [Online] 2009. http:// www.chip.de/artikel/Sony-PRS-505-E-Book-Reader-Praxis-Test_33251004. html.

Cibeb Innovationen für Menschen. 2009. Projekt Senioren – AAL Ambient Assisted Living. [Online] 2009. http://www.cibek.de/inhalt.php?id=2680&menu_level=2&id_ mnu=2814&id_kunden=284.

Deiters, Wolfgang. 2008. Konzepte und Technologien für intelligentes Wohnen. Ambient Assisted Living. 1. Deutscher Kongress. [Online] 2009. http://www. smarterwohnen.net/ deutsch/download/43856_AAL_Kongress_150108.pdf.

Deutsches Ärzteblatt studieren.de. 2008. Gesundheitsausgaben. [Online] 2009. http:// aerzteblatt-student.de/doc.asp?docid=108695.

Die Bundesregierung. 2009. Demografischer Wandel. [Online] 2009. http:// www.bundesregierung.de/Webs/Breg/DE/ThemenAZ/DemografischerWandel/demog rafischer-wandel.

Electronic Paper Displays. 2005. eBook-Reader. [Online] 2009. http://www.eink.com/.

Fraunhofer Institut Software- und Systemtechnik. 2008. Service-Wohnen mit dem Smart Living Manager. [Online] 2009. http://www.isst.fhg.de /fhg/Images/PB_SmartLivingManager-www_tcm418-115509.pdf.

Gizomodo Gadget Weblog. 2008. iBasket. [Online] 2009. http://gizmodo. com/assets/ images/gizmodo/2008/08/iBasketlaundryconcept.jpg.

Leath of Dreams. 2009. eBook. [Online] 2009. http://www.latheofdreams.com /blogImages /SonyPRS505-1.jpg.

Philips Research Technologies. 2009. uWand: controlling devices simply by pointing. [Online] 2009. http://www.research.philipps.com/initiatives/uwand/.

Smart Living GmbH. 2009. Smart Living. Das Service Wohnen der Zukunft. [Online] 2009. http://www.smartliving-gmbh.de.